시와 꽃과 사랑 앞에서

후백 황금찬 시 100선

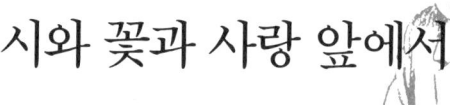

시와 꽃과 사랑 앞에서

한국시낭송가협회 엮음

한국문화사

후백 황금찬 시 100선

시와 꽃과 사랑 앞에서

1판1쇄 발행 2016년 5월 16일

엮 은 이	한국시낭송가협회
펴 낸 이	김진수
펴 낸 곳	**한국문화사**
등 록	1991년 11월 9일 제2-1276호
주 소	서울특별시 성동구 광나루로 130 서울숲 IT캐슬 1310호
전 화	02-464-7708
전 송	02-499-0846
이 메 일	hkm7708@hanmail.net
홈페이지	www.hankookmunhwasa.co.kr

책값은 뒤표지에 있습니다.

잘못된 책은 구매처에서 바꾸어 드립니다.
이 책의 내용은 저작권법에 따라 보호받고 있습니다.

ISBN 978-89-6817-363-9 03810

이 도서의 국립중앙도서관 출판예정도서목록(CIP)은 서지정보유통지원시스템
홈페이지(http://seoji.nl.go.kr)와 국가자료공동목록시스템(http://www.nl.go.kr/kolisnet)에서
이용하실 수 있습니다.(CIP제어번호: CIP2016010944)

■ 책머리에

　여기 백수를 하신 후백 황금찬 시인의 제자들이 모였습니다.
　시집 40권 중 맑은 영혼의 울림 보석같이 빛나는 서정시로 낭송하기 좋은 시 100편을 선정하여 시집과 낭송 CD를 만들었습니다.
　선생님의 시 속에 녹아있는 시 정신과 땀이 어려 있는 시 한 편 한 편들이 감동으로 다시 살아 태어난 것입니다.
　"시와 꽃과 사랑 앞에서" 이 시집은 오래오래 시를 사랑하는 모든 이들에게 아름다운 기억으로 남겨지리라 생각 듭니다.

　"시인은 조가비처럼 모래 언덕에 서 있는 고독한 사람이다."라고 선생님은 말씀하셨지만 제자들의 육성으로 꽃 피운 낭송 시집을 손에 드시는 순간 선생님은 결코 고독한 사람만은 아니라고 미소 지으시리라 생각됩니다.
　앞으로 이 땅에서의 남은 생애 동안 선생님과 저희들은 시의 행복한 노래를 맘껏 부르겠습니다.

2016년 5월
제자 홍 금 자

■ **머리말**

하늘에 떠가는 한 점 구름이
가슴에 들어와 행복으로 변하더라.

"시인은 꿈을 꾸는 사람이다"
현실보다 더 아름다운 순간을 노래하고 있는 것이며 "詩를 쓰기 전에 먼저 사람이 詩가 되어야 한다." 그리고 "詩는 기도이다"라고 말씀하시는 스승님.

후백의 품에서 맑은 영혼을 꿈꾸며 향기를 전하는 저희 제자들은 선생님의 시집 40권을 필사하며 낭송하기 좋은 서정시 100편의 시를 선정하였습니다.

특히 누구보다 모국어를 사랑하신 스승님의 시 혼을 하늘에 현주소를 옮겨, 하늘 별들의 주소에 행복의 언어를 배달하고 땅에는 장미 꽃밭을 만들어 더 곱고, 더 아름답게 보이고 더 크고, 아름다운 꽃을 한데 모아 하늘과 땅에 후백의 시집 "시와 꽃과 사랑 앞에서"을 전하고 싶습니다.

2016년 5월
제자 김 문 중

차례

- 책머리에 __5
- 머리말 __6

어머님이 들려주시던 이야기__13
4월의 노래__15
오렌지 향기는 바람에 날리고
    -카바렐리아 무스티카나의 합창__17
어머님의 아리랑__19
5월의 노래__21
6월__23
6월은 장미의 달__25
가을 여인__27
가을 풍경화__28
갈매기__30
고통__33
고향__35
광나루__37
그 사랑의 깊이는__39
기다림 속에서__41
길__43
꽃과 천사__45
나의 소망__46
낙엽시초落葉詩秒__48
낙엽의 시__49
남태평양에 떠 있는 유언__51

너의 창에 불이 꺼지고__54
노래의 여인 -윤초에게__56
눈이 내리는데__58
다시 바다에__60
당신의 형상__61
돌아오지 않는 마음__63
돌아오지 않는 바다__65
동해 겨울 바다__67
등대지기__69
로마노스에서 1시간__71
마음__73
말의 일생__75
말이 없다__77
매화나무집__79
모국어와 한글__81
바느질하는 손__84
바람은 울고 있다__86
밤 빗소리__87
밤에 쓴 시__89
별과 고기__91
별을 캐는 아이__93
별이 뜨는 강마을에__94
보내놓고__96
보석의 노래__97
봄 편지__99
부활의 노래__101
북극의 겨울__104
비둘기를 날리며__106

비원에 내리는 눈雲__108

빗소리__110

빛을 본다__111

사랑과 행복__113

사랑하는 사람아__115

사랑하면 닮는다__117

산골 사람__119

산길__121

새 천년의 깃발__122

새__125

새벽에__128

성화聖火여 영원하라__130

소나무와 아버지__133

소녀__135

소녀의 기도__137

소년__139

소년에게__140

숲 속의 황혼__142

승리는 영원하다__143

시가 무엇이냐고__146

시인아__149

심상心想__151

심성__153

심장을 나눈 국토여
  -독도, 그 외롭지 않은 숨결에__155

아버지__158

아침 커피__160

어머니__162

어미 노루의 슬픔__164
언덕 위에 작은 집__166
영혼은 잠들지 않고__168
옛날과 물푸레나무__171
장미의 언덕__174
저 하늘 아래__178
조국의 흙 한줌을__180
지하철 역__182
진실의 나무에게__184
청년송__186
촛불__188
출발을 위한 날개__190
커피__192
통일의 봉화를 올리고__194
퇴근길에서__196
편지 그리고 봄__199
편지__201
피아노__203
한강__205
한복__207
항아리__209
행복과 불행 사이__211
행복의 길__213
호수와 시인__214
회초리__216

시와 꽃과 사랑 앞에서

어머님이 들려주시던 이야기

어머님은
한낮에도
밤보다 더 어두운 음성으로
이야기 하셨다

삿자리 두 잎
그 깔리지 않은
구석진 계곡엔
흥부네 병아리들이 앉아 있었다

어머님의
밤 이야기는
언제나 자정이 지나서야
시작되었다

옥양목 같은 구기口氣
대낮보다 더 밝은 이야기
어머님의 수사법,
낡은 베개머리엔

7개의 별들이
눈을 뜨고 앉아 있었다

그 하늘 아이는
마음이 착했다
욕심도 없고
남들이 잘되기만을 빌고 있었다
견우처럼 소나 끌고

흥부네 병아리와
7개의
별들은
어머니의 사랑 그 수사학을
오늘까지도
잊지 못하고 있다네

4월의 노래

가을에 가던 강가에
어느새 4월이 와서
버들피리를
불고 있구나

비단 저고리
안 고름이 풀리듯
얼음이 풀리고
풀각시 꽃가마가
소리 없이 강을 건너 오고 있다

산비둘기 구구대는
계곡 가까이
스승님의 맑은 음성처럼
물소리가 높다

문을 닫고 돌아 앉는가
어느 황폐한 거리
4월 전령의 방울 소리도

들리지 않는다

마음의 문을 열어라
먼 고향 사람아
내일에 신록의 깃발을 날리며
우리들의
사랑 그 언덕위로
지금 걸어오고 있다

오렌지 향기는 바람에 날리고
-카바렐리아 무스티카나의 합창

오렌지 향기는 바람에 날리고
석양은 먼 들녘에 내리네
염소의 무리는 이상한 수염을 흔들며
산을 내려오네

종이 울리네
황혼의 뮛세들이
종소리를 따라
바람에 날리는 억새꽃같이
호숫가 숲으로 날아드네

머리에 가을꽃을 꽂은
소녀들이
언덕 위에 서서
노래를 부르네

오렌지 향기는 바람에 날리고
교회의 종소리는 우리들을 부르네,
이 석양이 지나면

또다시 우리들은
아침을 맞네

오렌지 향기는 바람에 지고
촛불 위에 눈이 내리네,
눈 위에 순록의 썰매는 달리고
그리하여 우리들도
어제의 소녀가 아니고
오렌지 향수가 하늘에 지듯
우리들의 향기도 지리

종이 울리네
숲속에서 새들이 무상을 이야기하네,
오렌지 향기는 바람에 날리고
소년들은 노래를 부르네

어머님의 아리랑

함경북도, 마천령 용솟 골
집이 있었다
집이라 해도
십 분의 4는 집을 닮고
그 남은 6은 토굴이었다

어머님은
봄 산에 올라
참꽃(진달래)를 한 자루 따다 놓고
아침과 점심을 대신하여
왕기에 꽃을 담아 주었다

입술이 푸르도록 꽃을 먹어도
허기는 그대로 남아 있었다

이런날에
어머님이
눈물로 부르던
조용한 아리랑

청천 하늘엔
별도 많고
우리네 살림엔
가난도 많지

아리랑 아리랑 아라리요
아리랑 고개를 넘어간다

산이 무너져 내리고 있었다
하늘은 울고
무산자 누구냐 탄식 말라
부귀와 영화는 돌고 돈다네

박꽃이 젖고 있다
구겨지며
어머님의 유산
아리랑

5월의 노래

모란이 피었다기에
내 추억을 찾아
고궁에 왔건만
꽃은 이미 간곳이 없고
빈 가지에
눈 먼 옛날이 잠들어 있다

꿈 속의 고향을
벗하고 앉으면
정든 가람가에
저녁 노을이 눈을 뜬다

아름드리 포플러가
5월 하늘의 구름을 쓸고
마을의 전설은
언제나 고깃배처럼
강에 흘러갔다

이 광수의 <유정>이며

섹스피어의의 <햄릿>
입센의 <인형의 집>
그리고 톨스토이의 <부활>을 읽던
5월이 왔었지

보랏빛 흰 색으로
장다리가 피고
호수에 구름이 내리듯
나비가 떼지어 날았다

추억은 생각 속의 보석
이제 작약이 꽃피어 난다
녹음 위에 5월이 머물러 있다
5월이 가도
긴 노래 속에 남아 있으리라

6월

6월은
녹색 분말을 뿌리며
하늘 날개를 타고 왔느니

맑은 아침
뜰 앞에 날아와 앉은
산새 한마리
낭랑한 목청이
신록에 젖었다

허공으로
날개치듯 뿜어 올리는 분수
풀잎에 맺힌 물방울에서도
6월의 하늘을 본다

신록은
꽃보다 아름다워라
마음에 하늘을 담고
푸름의 파도를 걷는다

창을 열며
6월은 액자속의 그림이 되어
벽 저만한 위치에
바람 없이 걸려 있다

지금 이 하늘에
6월이 가져온
한폭의 풍경화를
나는 이만한 거리에서
바라보고 있다

6월은 장미의 달

오늘이 6월 7일
이날
내가 받은 편지는
참으로 나를 행복하게 했다

그 나라 스웨덴에선
6월을 1년 중 가장 기다리는
달이라고 했다

보석의 반지를 올린
구름의 손을 기다리듯
장미의 달을 기다리고

오늘 내가 받은
시인 김군의 편지 속엔
장미 꽃잎 두 장이 들어 있었다

빨간 장미꽃잎은
사랑한다는 뜻일 것이고

하얀 장미꽃잎은
행복하라는
기원의 의미일 것이다

1950년 6월 25일
그 전쟁을 나는 대구에서 지냈다
8월 15일
해방 기념행사를
대구 만경관에서
눈물로 시작하고 눈물로 끝냈다

박목월 시인이
가슴에 달았던 장미 한 송이를 내 가슴에 꽂아 주면서
"행복하세요"
그리고 두 사람의 눈물은
끝이 없었다

가을 여인

가을벌레가 울고 있는가
내 사랑했던 여름의 연인은
서울 종로 마로니에 공원
식어가는 거리 위에
짙은 웃음소리만 남겨 놓고
지금 어디쯤
가고 있을까

가면 돌아오지 않는다
86년의 여름도
지줄대던 빗소리도
내 연인처럼
돌아오지 않는다

여름 연인의
빈 커피잔
교차로 위에 계절의 꽃잎지듯
싸늘한 우리들의 대화가
담기고 있다

가을 풍경화

꽃잎이
추억의 미소처럼
피어오르던 이 산머리에
오늘은 먼 나라의 소식같이
낙엽이 지고

소슬한 가을 바람은
동구밖
이별의 옷고름 보다
더 하이얗게
휘날리고

전설을
퍼올리는
늙은 느티나무 가지엔
고려청자 한 조각이 걸려
말이 없고
마을 여인은
들국화 한 송이를

머리에 꽂고
산을 내려오고 있다

마른 풀을 뜯는
어미소가
자주 머리를 돌리며
송아지를 불러보고

참새 한 마리
날아들지 않는 이 벌판에
혼자 서 있는
허수아비가 적막하다

저만치 통학차가 멎자
학교에서 돌아오는
마을 아이들의 웃음소리가
가을 햇살보다 더 따습다

갈매기

갈매기는
고향 바다에서 운다

속초
등대 앞에 열린 바다
갈매기는 거기서 운다

설악산
입구
물치 앞바다
갈매기는 거기서도 운다

갈매기야
슬픈 갈매기야
울고만 있는
갈매기야

네가 울면
옛날 어머님도

따라 우시곤 하셨는데
갈매기야
이젠 내가 따라 우는구나

청초호나
영랑호
옛 신라의 사신들도
여기서 갈매기처럼 울었다네

오늘은
설악 비선대를
오르고 있었는데
그 물소리가 흡사
갈매기 울음소리 같았다

어머니는 바닷소리를 따라 울고
바다는 갈매기를 따라 울었다

어머니

이제는 울음을 끝내십시오
갈매기
바다도
울지 않는답니다

고향의 눈물은
옛 이야기
갈매기야-

고통

내 손바닥엔
아직까지 못 자국이 없네

우리들의 발바닥엔
이제껏 못 자국이 없네

가시에 찔려
미간으로 흐르는 피
그런 피를 흘려본 일이 있는가

행복하였노라
내일을 모르면서도
옷을 입고
행동하는 사람아

세워진 나무위에
침묵의 하늘은 내리고
창끝에 상한 허리에서
부활의 강이 흐르고 있네

성자의 신음소리는 구름이 되고
그 고통으로
흙이 바위가 되고
나같은 죄인에겐
구원이 되고
고통안에서 살아오는
꽃같은 신앙

피리를 불어도 춤추지 않고
우리 고통의 나무를 심어
그 나무에
구원의 꽃이 피기를
서로 기다려야 하리라

고향

고향 하늘은
어머님의 기침소리
그 어머니 곁엔
눈물이 가득한
자식이 있어야 한다
떠나지 말거라

강원도 양양군 도천면 논산리 45
지금의 속초시 논산동이다

나는 거기서 첫 울음을 울었다고 한다
어머님이 가꾸시던 미나리밭엔
나비 몇 마리가 날고 있었다

어려서 고향을 떠나
지금까지 객향에서 산다
어머님의 숨소리도 지키지 못하고
이 길은 섬기는 길이 아니다
바람을 따라

구름을 따라
고향의 소식이 들려올 때
바다의 귀를 열고

5월 소나무에 순이 솟기를 기다리지만
장미의 소식은
멀기만 했다
산에 불이 일어
어린 노루들이 울고

큰불이 마을을 휩쓸었다는 소문
바람은 잠들지 않고
세기의 칼날을
던지고 있다
어머님의 기침은 멎지 않았다
고향 마을에 평화의 새가 날아와
사랑의 종은 언제 울리려나

광나루

찬란하여라
서울의 아침이여

심성이
세계의 문을 여는가
광진 하늘의
빛나는 태양이여

여기 우리는
보고있거니
세계의 문이 열리고
백억의 눈들이
응시하는
아! 서울 서울이여

아차산성은
우리들의 자랑
역사로 끝남이 아니다
영원히 살아

내일을 꽃피게 한다

광진구여
빛으로 영원하라
여기는
아침이 가고
밤이 오는 곳이 아니다
영원한 아침뿐이다

그 사랑의 깊이는

우물의 깊이를 모른다
두레박의 줄을 자로 재어
우물 속에 던져본다

그 사람 마음의 깊이를 모른다
하지만 우물이 깊이를 알 듯이
그렇게 알아낼 수는 없다

너와 나의
사랑의 깊이는 누가 알까
우리들이 알고 있으리라

두 마음 언덕에
꽃이 피어나거든
너는 나를
그리고 나는 너를
사랑한다고
기억하자

겨울 바다
구름에 앉아
물새들이 건반악기를
연주하거든
남몰래 흘리는 눈물을
생각하라

눈이 내린다
하얀 바닷가에……

기다림 속에서

사무칠 기다림이 있어
우수절 비가 내리고
이 메마른 땅에 봄이 오나부다

겨울 이야기같이
언덕엔
풀이 솟고

손끝에서 아지랭이를 피우며
소녀들이 봄을 캐고 있다

강물엔 얼음이 풀리고
오늘 우리들의 근심도 풀리려나
몸은 사랑이되
그리고 평화인것을
기다리는 마음에
행복으로 오려나
세상 어디엔가
아직도 풀리지 않는 겨울이 있는가

사랑이여
평화여
그 마음에 봄이 오라

늙은 매화나무에 꽃이 핀다
삼욕三欲으로 아득한 마음에도
이 봄의 꽃이 피려나

길

나는
길 아닌 길을 걸어
오늘
여기까지 왔다

그 길은
언제나 불행과
행복 사이에 있었다

이 들판을 지나고
저 산을 넘어야
비로소 길이 있다는데
언제 찾아갈까

그 길도
험하고
준엄하다고 했다

하나 필시 그 길도

행복과 불행 사이로
나 있을 것이다

피어나는
꽃도 있고
낙엽도 있으리
그리고 꽃 구름도 있으리라

꽃과 천사

아주 아득했다

꽃과 천사가
한 마을에 살았다

사랑이 구름 같은 꽃은
"사랑"이란 말을 하게 되었고

눈물이 많은 천사는
파도처럼 울다가
눈물이란 말을 못 찾고 말았다

그때부터
말하는 꽃은 천사가 되고
말을 못하는 천사는
꽃이 되었다

나의 소망

정결한 마음으로
새해를 맞으리라
그렇게 맞이한 이 해에는
남을 미워하지 않고
하늘같이 신뢰하며
욕심없이 사랑하리라

소망은 갖는 사람에겐 복이되고
버리는 사람에겐 화가 오느니
우리 모두 소망 안에서
살아갈 것이다

지혜로운 사람은
후회로운 삶을 살지 않는다
언제나 남을 섬기는 이치를
배우며 살아간다

선한 도덕과
착한 윤리를 위하여

이해에는 최선을 다하리라

밝음과 맑음을
항상 생활속에 두라
이것을 새해의 지표로 하리라

낙엽시초 落葉詩秒

꽃잎으로 쌓올린 절정에서
지금 함부로 부서져 가는 '너'
낙엽이여
창백한 창 앞으로
허물어진 보람의 행렬의 가는 소리
가없는 공허로 발자국을 메우며
최후의 기수들의 기폭이 간다
이기고 돌아가는 것이 아니다
그러기에 저 찢어진 깃발들
다시 언약을 말자
기울어지는 황혼에
내일 만나는 것은 내가 아니다
고궁에 국화가 피는데
뜰 위에 서 있는 '나'
이별을 생각하지 말자
그리고 문을 닫아라
낙엽
다시는 내 가는 곳을 묻지 말라

낙엽의 시

거리에 낙엽이
발을 묻는다
그 낙엽을 밟으며 가고 있다
어디쯤에서 발을 멎을지
나는 그것을 모른다

여름을
잎, 그늘에서
노래하던 매미와 나비는
지금 어떻게 되었을까
비어가는 가지에 눈같이 쏟아지는
저 허무감

계절이 바뀌면
이 가지에 잎이 새로 피리라
종달새도 날고
두견도 밤을 새우리

다시 낙엽이

길을 메울 때
그때 나는 어디쯤 가고 있을까

남태평양에 떠 있는 유언

'1964년 3월
제2의 지남호가
남태평양에서 침몰되다'

남태평양
눈물같은 바다에
친구들이 남겨놓은
모국어는
거기 영원히 꽃봉오리로 떠 있을 것이다

고향을 떠나던 날 아침에
어린놈들은 약속한 선물의 이름을 생각하며 손을 흔들고
바다는 새벽 까치처럼
꼬리를 쳤다

한갓 기원으로 부푼 지문 싸인 가슴에 달아준 꽃잎이 아직 채 마르지도 않았는데……

제비도 못가는 남태평양
심청이보다도 설운 사람이 간 바다엔
인어의 전설 대신 십자성만 외롭다
구름은 심정의 마지막 전령
느닷없이 전해진 그 비보는
이땅의 인정을 열 살쯤 난 소년의
주검 앞에 앉은 어머니의 눈으로 만들었다

낯선 바닷가에 떠도는
남태평양의 조개껍질, 소라껍질들
장난감 대신 때묻은 손가락을 빠는
눈 큰 아이들의 이름이 코가 시리도록 떠오른다
고향은 파초 잎에도
그림자로 피고
정든 사람은 꿈속에서 산다
이것은 못다 쓴 일기

대륙 동쪽 한반도
언제부턴가 나비의 눈도 앙칼진 곳

우리들이 한 번도 원한 일 없이
산들의 땅은 양단되고
그리하여 슬프고 가난한
나의 고향

구름이여, 떠가는 배여
지나가다 눈물도 잃은 사람들이 살고 있는 땅에 들르거든
그들의 귓가에다 이 말을 전해 다오

남태평양 눈물 같은 바닷속에
모국어를 연꽃으로 피우고
여기 영원히 잠들어 있노라고
잠들어 있다고……

너의 창에 불이 꺼지고

너의 창에 불이 꺼지고
밤 하늘의 별빛만
내 눈빛처럼 박혀 있구나

새벽 녘
너의 창 앞을 지날라치면
언제나 애처럼 들리던
너의 울음소리
그 소리도 이젠 들리지 않는다

그 어느 땐가
네가 건강한 날을
향유하였을 때
그 창 앞에는
마리아 칼라스가 부르는
나비부인 중의 어떤 개인날이
조용히 들리기도 했었다

네가 그 창 앞에서

마지막 숨을 거둬 갈 때
한 개의 유성이
긴 꼬리를 끌고
창 저쪽으로 흘러갔다

다 잠든 밤
내 홀로 네 창 앞에 서서
네 이름을 불러 본다
애리야! 애리야! 애리야! 하고
부르는 소리만 들려올 뿐
대답이 없구나

네가 죽은 것이 아니다
진정 너의 창이 잠들었구나

네 창 앞에서
이런 생각을 해 보나
모두 부질없구나

노래의 여인
-윤초에게

어느 날
꽃잎이 지고 있는
내 생명 밭에
철새 한 마리가 날아와
숲속같이 깊은 노래를 불렀네

그의 노래는
대금소리 같기도 하고
바이얼린의 G선 같기도 하여
끝소리가 가늘게 흔들리고 있었네

나는 보았네
별밭에 작은 돌들이
가늘은 눈물을
남몰래 흘리고 있는 것을

그는 노래의 언덕을
걸어 내렸지만
노래는

겨울 장미로 피어
수정 바구니에
담기고 있었네

눈이 내리는데

눈이 내리는데
마을이 잠들고

눈이 내리는데
하얀 촛불의
심지가 타고

눈이 내리는데
늙은 소나무의
가지가 휘고

눈이 내리는데
사랑방에
기침소리가 높고

눈이 내리는데
젊은 날의 추억이
눈속에 묻히고

눈이 내리는데
나는 짧은 시간에
긴 편지를 쓰고

눈이 내리는데
○ ○ ○
눈이 내리는데
○ ○ ○

다시 바다에

찾아 갔었지
잊어버린 대화의 꽃바구니를 찾아서
동해, 강릉, 정동진
기차는 떠나고
싸늘한 모래밭
파도가 울고
몇 사람의 가을 나그네가
구름과 낙엽의 이야기를
허공에 뿌리고 있다
모든 물새들은 현악기를 연주하고
나는 바닷가를 거닐며
추억의 꽃바구니를 찾고 있다

당신의 형상

당신의 형상으로
사람을 지으심은
무슨 까닭이 있을까

그것을 바라봄으로
기쁘려 하심이었으리라

당신의 말로
우리들의 말을 삼으심은
무슨 까닭이었을까

먼 곳에서
자식을 맞듯
그러한 기쁨을
맛 보려
하심이었으리라

아름다운 모습을
영혼 안에서 찾고

그 티 없는 마음으로
당신 앞에 서리라

이제 광명을 바라보듯
그렇게 당신을
바라보리라

말은 노래를 위해 있어야 하고
신앙을 위하여 있어야 하고
당신을 예찬하기 위하여
또한 있어야 하느니

사람은 창조의 의미를 위하여
있어야하고
신의 영광을 위하여
있어야 하며
신앙을 갖기 위하여 있어야 한다

돌아오지 않는 마음

이웃이
봄볕같이
마음의 담을 헐었다

꽃잎을 실에 매어
지연같이 날렸더니
구름 위에 솟은
마을 성머리에 걸려
돌이 되고 말았다

십 년
다시 백 년에
돌아오지 못하는
꽃잎의 전설

문을 열어놓고
한나절
또 한나절
새 한 마리 날아오지 않는

빈 들

돌아오지 않는
마음자리에
미움의 나무에
열매가 연다

돌아오지 않는 바다

바다는
돌아오지 않고
울고 있었다

제2의 지남호는
남태평양에서
난파되어
돌아오지 않고

달이 뜨면
바다는
고향 언덕의
부엉새가 된다

돌아오지 않는 바다
동진호는
동족에게 끌려가고
소식이 없다

바다는
돌아오지 않는 바다
수평선 아득한
떠나는 가고
돌아오지 않는다
바다야
돌아오지 않는 바다야

동해 겨울 바다

남들은
여름바다를 사랑한다지만
나는 외로운 물새들과 같이
겨울바다를 사랑한다

바다를 꽃으로
비유 한다면
여름바다는
장미꽃이다

봄 바다는
수선화이고

겨울바다는
코스모스라 하리라

겨울 바다는 꽃이 아니고
병든 황소의 눈물 가득한
눈이다

울고 싶어라

내 바다가 아닌
나폴리 바닷가에서
겨울 물새들과
울어 보았지
소리 없는 울음으로-

그리스
이오니아 바다
청포도가 알맞게 익어갈 때
동해 겨울바다를
그려 보았네

울고 있는 물새들을
구름으로 날리며
울고 있었지 겨울바다에서—

등대지기

등대지기는 바다의 난초
열 길 벼랑 안개 속에 피어 있는
석란

밤이면 등대에 불을 밝히고
비가 오는 낮
안개 덮인 때

긴 고동을 울리며
배들이 무사히
귀양하기를 마음으로 빈다

풍랑이 심한 날 바위에 서서
흘러간 난파선들의 추억을
더듬어 본다
석란잎에 서리는 이슬

열 길 박토에 뿌리를 걸고
해풍에 말리며

변변한 날 없이
그대로 시들어 가는
석란이라 하자

일년에 한두번씩
낯모를 사람들이
찾아왔다 돌아간다
가물거리는 돛대 끝에
그리움은 칼날

육지의 계절은
도적이다
마지막 잎이 지고 나면
바다에 눈이 온다

바위 위의 촛불이 흔들리듯이
바다의 난초는
눈 속에 묻힌다

로마노스에서 1시간

로마노스에서
1시간
산 울림을 듣고 있다

오후의 비둘기는
빈 뜰에서 어정이고
안개 속의 가로수는 아침을 기다린다

방황하는 사람아
지금 어디를 가고 있는가
두고 온 하늘빛
풀잎하나
어느 곳에서 다시 만날까
그대 말 하려나

잊어버리고 싶다
어제 울리던 우레 소리처럼

한 시간의 물소리와

바람을 만나려고
나는 그곳을 찾는다

문을 열고
구름과 작별하면
파도가 멎는다

행복은
누구와도 나눌 수 있지만
불행은
언제나 혼자의 것이데

내게 내일이 다시 있다면
안녕히라는 말은
오늘에 한 하리라

마음

날마다 그리고 순간마다
무엇인가 되고 싶다

높은 하늘을 보면
날아오르고 싶고
고층에선
땅으로 뛰어 내리고 싶다

루치아노 파바로티의 노래를 들으면
나도 성악가가 되고 싶고
꽃을 보면
나도 나비가 되어
꽃밭에서 날고 싶다

정경화의 바이얼린 연주를 보면
나도 연주가가 되고 싶고
마라도나를 구경하면
나도 축구선수가 되고 싶다

단원이나
만익을 보면
나도 화가가 되고 싶고
구름을 보면 시간과 공간을
벗어나고 싶다

바위 앞에선
죽고 싶다가도
샘물 한 모금 마시면
다시 살고 싶어진다

이 마음으로
무엇을 할까?
하고 싶은 것이 많은 것만큼
또 하기 싫은 것이 많다

죽고 싶다. 죽고 싶다가도
살고 싶다. 시나 쓰며 살고 싶다

말의 일생

말도 생명체다

탄생하고
성장한다

유년기와 소년기
청년기와 장년기

그리고 늙는다
병든다
시효가 끝났다

어떤 무기도 된다
생활의 도구로 살아난다

지혜의 도구로 사용되면
하늘나무엔 과실이 열리고
바다엔 평화의 꽃이 피고
천사들이 새가 되어 날고 있는

나라가 된다

악한 마음을 담그면
악마의 무기가 된다
악독의 화살이 난무한다

높고 아름다운 말은
천사가 쓰고
독이 담긴 말은
악마가 쓴다

"에바다" 하면
죽은 자가 살아난다

말은 위대한 생명이다

말이 없다

소녀는
말하지 않고
천년을
웃고만 있는
꽃을 사랑한다

새는 울지 않고
풀잎에 앉아
태양이 가는 소리를 듣고 있다

구름은 바람을 밟지 않고
옷깃을
머리카락으로
누비고있다

별이 흐르는 소리
달이 가는 발소리도
강물 소리와
파도소리만큼

크고
우람하다

소녀는
말이 없다

매화나무집

늙고 병든 매화나무 세 그루가 있어서
매화나무집이라 했다
그 집엔 매화나무처럼 늙은
노인이 한분 계셨다
그 노인은 매화꽃 철이 되면
사랑방 벽에 몸을 기대고 앉아
대금을 부는 것이다
잠이 없는 노인에겐
새벽도 없었다
대금 소리를 듣는 마을 사람들은
매화꽃 철이 되었구나 했다
대금이 잠들고 나면
그 늙은 나무에
꽃이 몇 송이 피곤했다
그 마을을 떠나
35년 만에
다시 돌아왔을 땐
세 그루의 매화나무도
대금을 불던 노인도

그 집엔 없었다
마을사람들은 그래도 그 집을
매화나무집이라 했다
시인이 살다 간 집도
시인의 집이라 불러 줄까
매화나무가 없는
매화나무집처럼 —

모국어와 한글

모국어는
영원한 우리들의 고향이다
그리고 한글은 그 고향의 집이다

하늘의 뜻을 받아
우리의 고향에 집을 지으신 분께
나는 영원히 감사를 드린다

삶의 이치와
영혼의 말을 꽃처럼 피워내는
태양 같은 글이 바로
한글이다
생활의 도구로서의 말과 글이 아니다
삶이 강이 되고 다시 바다가 되고
또 산맥이 된다
모국어다. 우리의 한글이다

나는 한평생 모국어로 살았고
겨레의 음성과

역사의 흐름도
이 고향에서, 정든 집에서 찾았노라

우리는 36년간
고향과 고향의 집을 지키기 위해
하늘의 칼을 들고
목숨을 걸다 구름이 되고만
우리들의 의인들을
또 하나의 고향의 집으로
생각해야 한다

우리들의 모국어는
생명이요, 영혼이고, 고향이다
그리고 한글은 고향의 집이요
강이요, 숲이요, 구름이요, 꽃이다

지금 그는 어찌되었을까
43년 동경 신주꾸
작은 우리의 책방에서

최현배님의 《우리말본》을 안고
감격의 눈물을 흘리던 그를
성도 이름도 고향도 모르면서
그의 모습은 지금도 잊을 수가 없는
그는 지금 어디에서 살고 있을까
알고 싶구나

아버지와 어머님이
내게 가르쳐 주시던
모국어와 한글
그 말 속엔 어머님의 음성과
한글 안엔 아버지의 음성이
지금도 숨쉬고 있다
모국어는 영원한 우리들의 고향이요
한글은
그 고향의 자랑스러운
사랑의 집이다

바느질하는 손

자정이 넘는 시각에도 아내는
바느질을 하고 있다
장난과 트집으로 때묻은 어린놈이
아내의 무릎 옆에서 잠자고 있다

손마디가 굵은 아내의 손은
얼음처럼 차다
한평생 살면서 위로를 모르는 내가
오늘 따라 면경을 본다

겹실을 꾄 긴 바늘이 아내의 손끝에선
사랑이 되고
때꾸러기의 뚫어진 바지구멍을
아내는 그 사랑으로 메우고 있다
아내의 사랑으로 어린놈은 크고
어린놈이 자라면 아내는 늙는다

내일도 날인데 그만 자지,
아내는 대답대신

쓸쓸히 웃는다

밤이 깊어 갈수록 촉광이 밝고
촉광이 밝을수록
아내는 눈가에 잔주름이
더 많아진다

바람은 울고 있다

달이 뜨면
바람은
울고 있었다

갈대밭
숲 속에 숨어서
밤을 세웠다

내가 여기에 있듯이
울 곳을 찾은 바람은
달보다 높다

오늘밤엔
떡갈나무잎 두장을 따들고
내 창 앞에 와서
바람은
울고 있다

밤 빗소리

밤에 내리는 가을 빗소리는
봄비나 여름 빗소리 보다
처량하다

봄비는 귓가에 내리고
여름 비는 피부위에 내리지만
가을비는 인정의 가슴 속
그 투명하지 않은 사랑
사랑의 창 앞에 내린다

빗소리만큼 소란스러운
가을 벌레소리는
우는 것일까, 노래하고 있는 것일까
새벽 3시 30분

아침 해바라기처럼
눈 떠오는 별이 있기에
내 기다림이 이리도 크고
찬란한 것일까

이 가을 밤 빗소리
멎으려나
멎어라
나의 아침 해바라기도
힘차게 피어나라
새벽 빗속에도
광명은 오고 있느니

밤에 쓴 시

내 눈이 밝다면
불꽃같은 태양 아래서도
당신의 얼굴을 보련만

내 귀가 열렸다면
이 도시의 소음 물결치는 공해
저쪽에서 들려오는
당신의 음성을 들으련만

내게 별 같은 지혜가 있다면
당신의 왕양한 세계를
손바닥을 보듯
볼 수 있으련만

당신은 생명의 바다
나는 풀벌레도 부러워할
미진 같은 존재
언제나 당신 곁에 있으면서도
당신을 모르고 있다

당신을 아는 눈과 귀와
그리고 지혜를 주십시오
이 땅에 다시 새벽이 오기 전에

별과 고기

밤에 눈을 뜬다
그리고 호수 위에
내려앉는다

물고기들이
입을 열고
별을 주워먹는다

너는 신기한 구슬
고기 배를 뚫고나와
그 자리에 떠 있다

별을 먹은 고기들은
영광에 취하여
구름을 보고 있다

별이 뜨는 밤이면
밤마다 같은 자리에
내려앉는다

밤마다 고기는 별을 주워먹지만
별은 고기 뱃속에 있지 않고
먼 하늘에 떠 있다

별을 캐는 아이

밤마다 어머니가 오시어
허공에다 사랑의 사닥다리를 세우신다
그 사닥다리를 밟고 나는
별밭으로 간다
우리들의 하늘에는
한 개의 별도 없고
어둠만이 있었다
별나라에서
몇개 별을 캐다가
별이 없는
우리 하늘에
옮겨 심으리라
비로서 별이 없던
우리 하늘에도
별이 빛나게 되리라
그날을 위해 나는 이 밤에도
별 밭으로 간다

별이 뜨는 강마을에

여기 강이 있었다
우리들의 국토 이 땅에
이름하여 북한강이라 했다
태양이 문을 열었고
달이 지곤 했다
하늘 꽃들이 강물위에 피어나
아름다운 고장이라 했다
신화의 풀잎들이 문을 열기 전
지혜의 구름을 타고 선인先人들이
바람처럼 찾아와 보석의 뿌리를 내리고
백조의 이웃이 되었다
칼날의 날개를 단 흉조들은
사악한 터전이라 버리고 강마을을 떠났다
비단으로 무지갯빛 다리를 세우고
너와 나는 우리가 되어
내일 저 하늘에 무리별로 남으리라
강은 역시 거울이다
패수에 담겨있는 고구려를 보았다
금강에서 백제의 나뭇잎들은

시들지 않는 깃발이었지
신라의 옷깃이 저 낙동강에 지금도 휘날리고
한강엔 임진왜란과 병자호란의 그 참화가
시들지 않고 거울 속에 떠 있다
북한강 백조의 날개와 하나가 된 우리들의
행복의 삶터, 사랑하라. 우리들의 내일은
영원히 빛날 것이다

보내놓고

봄비 속에
너를 보낸다
쑥순도 파아라니
비에 젖고

목매기 송아지가
울며 오는데

멀리 돌아간 산구빗길
못 올 길처럼 슬픔이 일고

산비
구름 속에 조으는 밤

길처럼 애달픈
꿈이 있었다

보석의 노래

황홀한 모습으로
호흡하고 있었다

네 윤곽 부근에서
해가 솟고
우리는 목 마르게 목 마르게
너를 지켜보고 있다

아름다움은 영원일레라
누가 네 앞에서
추악한 마음을 가질 수 있겠는가
너는 이슬 보자기 속에서
눈을 뜨고 있다

신화 속의 이카로스도
너를 찾아 떠나고
눈 속에서 피는 매화도
너를 부러워했느니라

거기가 어디쯤이었을까?
꿈 속에서 너를 잃어버린
그 회색의 바다

나는 오늘도 찾고 있다
영혼의 보석 한 개
하늘 문을 열고
너를 찾아 떠나고 있다

봄 편지

봄을 기다림이 손끝에 닿았다기에
입춘날 아침에 편지 한통을 보내노라

바람 부는 사연은 다 묻어두고
물오르는 가지에 터져 나오는 봄눈을
소중한 보물처럼 담아 드리노라

계곡에 얼음 풀리고 흐르는 물소리
남국에서 편지에 담아 보내노라
하루 낮 하루의 밤을 지내며

사랑은 꽃 같은 마음에서 오고
인정은 향기에서 오느니
이 시대의 꽃과 향기가 되라

그리하여 사랑이 없는 마음에도 꽃이 피고
인정이 없는 이 들판에서 짙은 향기가 풍겨라

나는 봄을 기다리고 있다

봄 편지를 기다리고 있다
꽃 같은 마음을 기다리고
향기의 인정을 기다린다

이 지구촌에 행복을 실어오라
평화를 가져오라
미워하는 마음도
저주하는 마음도
사라지리라

나는
그날을 기다리고 있다

부활의 노래

얼음이 풀리고
4월은
남풍의 계절
맑은 냇가엔
이름 모를 꽃들이
가볍게 날린다

산울림처럼
돌아오는 풀잎 풀잎들
피리소리 멎었다 다시 시작되는
언덕에는
오랑케 꽃들이 수줍게 피어 있다

어느 낯 설은 능선에서
날개를 쉬우던
철새들도 깃을 세우고
돌아 왔다
봄은 부활의 달이다

새로 솟는 나무잎
그 색깔의 옷을 입고
손으로 아지랭이를 날리며
예수님이 부활 하신 달
4월이여!

땅에서 꽃잎이 솟듯
부활의 생명은 그렇게 솟고
주검(시체)도 남아 있지 않는
무덤가엔
승리의 깃폭이 날리고 있다

예수님은
주검을 이기고 4월에
꽃으로 부활 하셨다
지금 날리고 있는 깃발은
주검을 이긴 승리의 깃발
4월은 깃발을 날리고 있다

꽃피는 계절
4월을 맞듯
우리는 맑고 밝은 마음으로
예수님의
부활의 승리를
맞아야 하리라

북극의 겨울

찾아가야 한다
북극 바다에 핀 겨울꽃으로
찾아가야 한다

소슬한 모래 위에
그 꽃은 아직도 피어 있으리라

바다의 숨결같은 돌과
조개 껍질을 주워
바람이 불어도 지워지지 않게
그대의 이름을
새겨 놓았네

성 페테르 부르크
네바강이 흐르고
낯선 발틱 해협
밤보다 낮이 더 길었던
기억 속에서
겨울 꽃이라고

불러야 하리라

가을
동해 밤 바다에서
나는 불러 보았네
북극 바다에 눈이 내리면
집시의 합창도 눈에 묻히고

외로운 그대의 이름은
날개 없는 물새가 되어
어느 포구를
꿈꾸고 있으리라

비둘기를 날리며

천 년 지혜의 눈물이 들어
하늘가에 나부끼는 깃발을 보라
그것은 다함없이 솟아나는
창조와 의지의 날개
새벽 창공에 열리는 별 도
찾는 사람의 눈에 멎는다

이제 소망의 꽃을 달고
비둘기는 비상하고
구름은 색종이처럼
우리들의 하늘을 아름답게 물들이고 있다

나무, 이 땅의 나무들이 손을 들고 서서
들리지 않는 메아리로
파문처럼 하늘을 들고
우리들은 여름 호수의 연잎이 되어
건반악기의 빗소리를 내고 있다

나비가 날고

새가 노래한들 귀가 없으면 무용하리라
나비를 요정의 춤이라 하고
새를 현악기라 함은
지혜의 눈과 의지의 귀가 있고
하늘같은 판단이 있었음이라

비원에 내리는 눈雲

비원의 문은 닫혔는데
달무리 같은 외등이
빈 뜰을 밝히고 있다

나는 어느 이층 창 앞에 앉아서
물결처럼 밀려왔다
장꾼들 같이 헤어져 간 사람들을
생각하고 있다

바람이 눈 잎을 몰아
등불 밑으로
가라앉는다

비원 뜰에
내리는 눈 소리는
내 어린날
잠머리에서 부르던
어머니의 노래 같다

지금 그 어머니의
무덤에도
눈은 내리겠지,
어머니의 숨소리 같이
작년 겨울 비원 반도지에
내리는 눈을 보고
나는 그만 울고 말았다
비원에 내리는 눈은
언제나 쓸쓸하고
적막 하였다

이제 시간이 되면
나도 눈을 맞으며
여기를 떠나야 한다

빗소리

후박나무 잎에
내리는 빗소리는
이제 말 배우는
아기가
처음 내는 '엄마' 소리같이
들리고 있다

오동잎에 내리는
빗소리는
신을 벗고 걸어오는
네 발소리

소리는
모든 소리는
귀로 오는 것이 아니라
마음으로 듣는 것이다

빛을 본다

눈을 뜨면
바로 거기에 빛이 있었다
눈을 감고 있을 때에도
빛은 항상 거기에
충만해 있었다

빛이 없어서
세상이 어두운 것이 아니고
눈을 뜨지 않고 있기에
모든 것이 어둡게 보인다
내 영혼이 눈을 감고 있는 동안
나는 어두움의 소유가 되었다
그리하여 방황하였고
길을 잃고
길 아닌 길을
가기도 하였다

번개 같은 광명이
내 눈을 열었을 때

나는 비로소 나의 발이
놓여 있는 곳을 알았다

그것은 천 길 낭떠러지
한 발자국도 더 나아갈 수 없는
막다른 바위 위에
서 있었다
빛을 보는 순간
그 빛이 바로 길이 되었다
영원한 생명의 길이다

빛은 어두움에서
어두움에서 눈을 뜨고 일어나라
영원으로 가는 광명의 길이
여기에 있다

사랑과 행복

사람은
사유하기 위해
산다고 한다

그러나 나는
사랑하기 위해
살고 있다

모든 사람은
행복하기 위해
산다고 한다

우리들의
사랑은
행복보다
강한 것을

행복하기를 원하는가
사람아

사랑하고 싶은
사람을 사랑하라

행복은
사랑의 성안에
피어나는
작은 꽃잎이다

사랑하는 사람아

사랑하는
사람아

여름비는 믿을 수가 없다
복숭아 꽃이 울고
꽃잎으로
손톱에 물들이던
누님이 울었다

이제 또 누가 울까
매미는 우는 것일까
노래하고 있을 것이다

사랑하는
사람아

네가 울면
바다
네가 웃으면

하늘

여름비 속에
네가 있고
네 안에(카덴차)

사랑하면 닮는다

생명처럼 사랑하는 대상이 있으면
그 모습과 마음까지
그 사랑의 대상을 닮는다

나비는 꽃의 모습을 닮았다

새는 나뭇가지와 잎을 사랑하여
새와 다리는 나뭇가지를 닮았고
날개는 잎을 배웠다

호수를 사랑하는
별은
밤마다 호수에서 뜨고
잠든다

예수를 스승님으로 가장 많이 따랐던
베드로는
"모든 육체는 풀과 같고
그 모든 영광이 풀의 꽃과 같으니

풀은 마르고 꽃은 떨어지되
오직 주의 말씀은
세세토록 있도록 있도다"

오늘 나는
누구를 따르고 또 누구를 배워야
이 적막한 세상을 배우지 않을까?

산골 사람

그는 물소리만 듣고
자랐다
그래, 귀가 맑다

그는 구름만 보고
자랐다. 그래 눈이 선하다

그는 잎새와 꽃을 이웃으로 하고
자랐다
그래 손이 곱다

어머니와
아버지의 평범한 가르침
선하고 착하게 살아라
네가 그렇게 살기를
우리는 바라고 있다

나는 충성과 효도를 모른다
다만 어머니와

아버지의 말씀을
잊지 못하고
살아갈 뿐이다

오늘 내가 남길 교훈은
무엇일까
나도 평범한 애비여서
선하고 착하게 살아라

사랑하는 아들아, 딸들아
이 말밖엔
할 말이 따로없다

산길

산길은 꿈을 꾸고 있네
아름드리 나무 뒤로 숨고
뻐꾹새는
한낮을 울어 골을 메우고 있네

긴 사연이
영마루를 넘어갔다
기다리는 마음이
산길이 되네

산길은 꿈을 꾸고 있네
진종일 혼자서
꿈을 꾸었네

새 천년의 깃발

20세기
그 거대한 교향악 마지막
12악장이 끝났다
우리들은 허탈한 박수를 보내고
다시 열려오는
천년의 새 아침을 맞는다

세계의 이웃들은
소망의 깃발을 하늘가에 날리며
사랑과 평화와 지지않는 꽃으로
영원하기를
하나님께 빌고 있다

여기는 하늘 1번지
미 합중국
캘리포니아
지구의 마을들이 모여 사는 곳
와워나 나무처럼
3천년의 행운도 모자라게

행복하려니

사나운 경쟁은
이제 그만 막을 내리고
선한 마음으로 평화를 구가하며
생명의 꽃잎으로
나는 너에게
너는 나에게
천년이 하루 같이
문지르며
약육강식의 착오로 빚은
슬픈 의식을 버려야 하리라

미 서부
저 광막한 벌판을 개간하여
식량의 강물을 전 세계로 흐르게 하고
살 생을 위주로 한
그 피의 경쟁은
이제 그만 잠들게 하라

새 천년에는
세계의 색깔을 하나로 하고
유색과 과욕의 전쟁을
사랑으로 막아내야 한다
한국 이민의 후예들이
새 천년에 이바지 할 하늘의 명령을
여기 마음의 비문으로 세우라

새

언제나 아침이면
산새 한마리 날아와
열린 내 창 앞에 앉아
이상한 언어로
구름의 시를
낭송하고 날아 간다

나는 지금까지
그 새의 이름과
어디서 날아 오는지
하늘에 두고 있는 그의 고향을
모르고 있다

내 귀에 남은
최초의 메아리는
누구의 음성 이었을 까
에코의 산울림
어머님의 음성이었다

사랑한다는 말보다
아가야 맑은 영혼으로 병 없이
잘 자라거라
그것이 엄마의 소원이며
너와 나의 행복이란다

새는 무슨 시를
낭송하고 갔을까
나르시스에게 보내는
에코의 원한 같은
어머님의 소원같은
시였으리라

잠자는 자는
영혼의 눈을 떠라
영혼이 잠들면 그만
하늘도 눈을 감는다

새가 남기고 간

시 한구절
지혜의 창이 열리며

비로소 눈 뜨는
의지
강물이
흘러 가고 있다

새벽에

새벽 4시
아침 예배를 위하여
아내는 교회 길에 오르고
나는 아내를 위하여
기도를 드리는 것이다

하느님 아버지
제가 지금 어떤 기도를 드려야
아내를 위한 기도가
될 수 있겠습니까
지혜롭지 못한 사람은
당신의 섭리를 모르고 있습니다

팔 년이나 병에 있는
가련한 여인은
혈류병이 물러가고 소경이
눈을 뜨며, 벙어리가 말하고
문둥이가 깨끗해지는
예수님의 음성을 귀에 그리며

애처러운 기침소리를
동이 트는 새벽길에
뿌리는 것이다

아내의 소망은
앞으로 한 십 년
살고 싶은 것뿐이요
더 살면서 하고 싶은 일은
주님의 복음을 들고
거리에 나가고 싶다는 것

하느님의 뜻을 모르는 것이
차라리 행복인 것을
섭리는 영원한 문 안에 있고
아내와 나는 그 문 밖에 서서
언젠가 열려 올 소리에
귀를 기울이고 있다

성화 聖火 여 영원하라

사랑과
평화를 위한
또 하나의 태양이여
영원하라

우리들의 하늘같은 가슴
그 가슴 바다에서
꺼지지 않는 축제의 불길로
영원하라

먼 거리의 동쪽과
또 그만한 거리의 서쪽
그 넓은 바다를 건너고
이념과 사상의 성벽을 넘어
여기는 세계가 하나로 된
서울

백억의 별들이 바라보는
인류의 길고 길었던 꿈이

장엄한 현실로 이룩되는
아!
20세기의 큰 축제
지금 세계의 서울엔
너와 내가 따로없이
모두 하나

지구촌의 가족들이 갈고 닦은
화합으로 가는 기량을 모아
다만 밝아오는 내일 앞에
우리들이 세워야 할
찬란한 평화의 탑
기원하고 있다

천사의 마음으로
미움, 시기, 질투, 대립도
저 타오르는 성화의 불꽃으로
태워버리고

사랑과 화합으로 하나되어
갈라진 국토도 하나 없게
세계 속의 서울 올림픽을 밝히는
성화여 영원하라

우리들의 가슴속에서
꺼지지 않는
불이여—

소나무와 아버지

소나무는 사람의 성품을
사람만큼 가지고 있다
아버지는 소나무를
친구 중의 친구로
사귀고 계셨다

혼자 외로우실 때
소나무 숲을 찾아가신다
작은 초막을 세우고
그곳에서 열흘이고 보름
소나무와 같이
생활하다 오신다

가족에겐 못할 말이 있어도
소나무 친구에겐
못할 말이 없다
옛사람들이 살던 집은
소나무와 흙으로만 지었는데
그 두 가지가

사는 이의 성품을 닮았기 때문이다

친구 사이에도
금이 가는 일이 있지만
소나무와의 우정에는
진실이 있을 뿐이다

소녀

그 소녀도
나비처럼 변해 있었다

꽃밭에서
나비를 보다가
찻집 의자에 앉으면
그 소녀는 나비가 되어
날아온다

커피 잔을 든 손이
참 고았다

가을인가 벌써
소녀도
가을 나비
음성이
보석처럼 빛나지 않았다

그날 너는

신궁의 둘째 딸이라고 했다

웃어라
소녀야
꽃은 웃으며
피고
웃음으로 진다
소녀야

소녀의 기도

밤 예배가 끝나고 다 돌아간
빈 교회에 소녀가 앉아서
기도를 드린다

소녀의 기도 소리는
맑은 물소리 같다
또 그처럼 쉬지를 않는다

주여!
꽃이 피는 봄이 오듯이 이 땅에도
은혜를 내리어 주십시오
가난과 불안과 불목과 시기와
불신과
이렇듯이 탁류의 흐름속에서
우리들을 건네 주십시오

그리고 우리에게
통일과 화목을 주십시오
주여!

이 소녀에게 청결과 신앙을 주십시오
교회 밖에는 봄바람이 불고 있다
달을 받아 배꽃이 더욱 희고
이름 없는 지역에서
이 밤에 꽃잎이 질 것이다

소녀는 향불이다
향불이다
향목이 타듯이 타고 있다
소녀의 기도는 파란 빛깔
모두 잠들어 자는 이 밤에
소녀는 기도를 드리고 있다

향연이 다 오르고 나면
남은 것은 재뿐이다,
소녀는 마지막 기도를 드리고 있다

소년

소년은
꿈을 따기 위하여
잠을 잔다

꿈속에는
시간이 없다
공간의 거리도……

심성이라는
별나라에 가서
나뭇잎 모자를 쓰고
강가에 앉아
조약돌을 던진다

그 돌이 떨어지는
곳마다
새 별이 한 개씩 솟아난다

소년에게

소년아
너는 내 가슴에
하늘같은 행복으로 앉아 있구나

네가 노래를 부르면
바다 속 산호의 숲까지도
일어서서 춤을 추고 있다

그러나 소년아
구름까지도 몸살 하는 그런 노래를 부르면
저 사막에 핀 빈 시의 꽃도 울고 있다

꿈꾸고 있어라
네가 꿈꾸고 있을 때
풀잎 위의 나비도 꿈꾸고 있다

소년아
나는 너로 인해
사랑을 알았고 슬픔도 알았다네

소년아 네 이름은 행복이다
　　　네 이름은 사랑이다
　　　　　　희망이다

우주의 질서이다
내일의 생명이다
소년아……

숲 속의 황혼

하루가 저무는 숲속에
발을 멈추고 섰다
소란한 계곡에서
새 한마리가 날아와
내 머리에 앉는다
청자 빛 부리로 내 머리카락
물어 당긴다
새가 물어다 놓은 머리 카락은
가을 구름으로 변해가고 있다

승리는 영원하다

끝나는 신호의 나팔소리는
다시 시작하라는
종소리로 받아들이라

꽃구름으로 타오르던
잠실벌의 성화는
이제 잠들었고
물결치던 깃발 깃발들도
바람이 잠들듯이 모두 걷히었다

그러나 승리는 영원하다
장미밭에 장미꽃이 피어나듯
우리 4천만 겨레의 가슴 가슴엔
서울 올림픽이 전 세계의 축제
인류의 큰 잔치로 찬란히 그 보람의
대단원의 막을 내렸다고
살아 있는 역사로 기록되리라

우리는 해냈다 해내고야 말았다

동과 서, 평화와 전진의 언덕에서
아시아를 대표하는 승리의 깃발을
나의 조국 대한민국 서울
전 계레가 하나가 되어
세계 속의 빛나는 진주
서울은 찬란한 보석 바구니
승리의 도시여

땀과 고생, 수고와 희생
모두 승리의 깃발에 아로새기고
그대와 나는 하나가 되자
그리하여 24회 서울 올림픽의
대성공을 저 불변하는 하늘에
민족의 이름으로 새겨두자

인류평화의 올림픽은 끝난 것이라
생각하지 말고
이 승리의 불길을 타오르게 하라
그리하여 제 25회 바르셀로나

그 하늘 밑에서도
우리 승리의 깃발은 휘날려야 하고
겨레의 마음은 장미꽃처럼
찬란히 찬란히 피어나야 한다

시가 무엇이냐고

한 친구가 내게 묻는다
시가 무엇이냐고
그때 나는 아무 대답도 못하고
웃기만 했다

그 후 세월이 흘러갔다
또 한 친구가 묻는다
시가 무엇이냐고
그때 나는
옛 시인이 한 말을
빌려 대답했다

시는 다만 확인 할 뿐, 아니다
재건하는 것이라고

그 후 달과 해가 자리를 옮겼다
또 한 친구가 물었다
시가 무엇이냐고
그때에도 나는 저 발레리의 말을

빌려 대답했다
"꼭 해야 할 한마디의 말이다"라고

그 후 많은 세월이 흘러갔다
학생들이 묻는다
시가 무엇이냐고 물을 때
어떻게 대답해야 합니까?

나는 그들에게 이렇게 대답했다
"시는 여러 가지의 직능을 가진다
정신적으로 영혼의 거울이요,
표현적으로는
신과 대화 할 때 사용하는 언어다" 하고
이 말을 줄이면
시는 영혼의 거울이요
신계의 언어다

지금 내게 누가 묻는다면
나는 같은 대답을 하리라

그러나 먼 훗날 누가 또 내게
시가 무엇이냐고 묻는다면
그때 내가 어떤 대답을 할지
지금으로서는 알 수 가 없다
좀 두고 생각할 일이다

시인아

하늘엔 별이 시인이요. 지상엔 시인이 별이라
별은 우주의 빛이요. 시인은 시대의 정신이다
별이 병들면 하늘이 어둡고 시인이 병들면 시대가 병든다

시인은 눈을 뜨고 있어야 한다
백년이나 천년전의 시인들도 아직 눈 뜨고 있다
이 시대의 시인들은 그들을 보고, 그들은 오늘의 시인들을 보고 있다

그들은 말한다
별들이 눈을 뜨고 있듯이 이 시대의 시인들도 눈을 뜨라고
시인은 그 시대의 정신을 창조한다
꽃으로 구름으로 수목으로 피워 올린다

우리는 시인의 우주 안에서 나비가 되기도 하고 새가 되기도 한다
시인의 정신이 병들었을 때 그 첫째 문책은 시인이 받게

된다

  오늘 우리들이 이만큼이라도 향유하고 있는 정신의 세계는

  아직도 눈 뜨고 병들지 않은 시인들의 사랑이 있기 때문이다

  악한 언어는 생명의 적이다 시대와 정신을 병들게 한다

  "선한 사람은 마음에 쌓은 선에서 선을 내고,

  악한자는 마음에 쌓은 악에서 악을 낸다"(성경)

  시인은 선한 사랑의 말로 하늘을 이야기 하는 지상의 별이다

  하늘의 별은 시요, 시는 지상의 별이다

  시인의 언어는 선과 사랑으로 살아 있어야 한다

심상 心想

욕구 불만으로 우는 놈을
매를 쳐 보내고 나면
나뭇가지에서 노래하는 새소리도
모두 그놈의 울음소리 같다

연필 한 자루 값은 4원
공책은 3원
7원이 없는 아버지는
종이에 그린 호랑이가 된다

옛날의 내가
월사금 40전을 못 냈다고
보통학교에서 쫓겨오면
말없이 우시던
어머님의 눈물이 생각난다

그런 날
거리에서 친구를 만나도
반갑지 않다

수신강화 같은 대화를 귓등으로 흘리고 돌아오면
울고 갔던 그놈이 잠들어 있다
잠든 놈의 손을 만져 본다
손톱 밑에 때가 까맣다

가난한 아버지는
종이에 그린 호랑이
보릿고개에서
울음 우는
아버지는 종이 호랑이

밀림으로 가라
아프리카로 가라
산중에서 군주가 되라
아! 종이 호랑이여

심성

심성은
평화와 사랑의 별이다
이 별에
선한 의인들이 지문이나
발자국을 남기게 되면
평화의 옷자락이
한 세기를 덮어주었다고 했다
옛날 한 선한 의인이
평화의 나무를 그 별에 심고
구름을 모아
사랑의 사과가 열리라고 했다
그때의 일이다
전운을 부르던
칼과 창 그리고 활은 녹슬고
방패는 긴 강물 속에 있었다
얼마나 긴 세월이었을까
19, 20세기
누구도 그 별에 지문 하나 남기지 않고
약육강식의 처참한 물결이

이 지구 전면을 덮고 있었다
전 인류가 기다리는
선한 의인은 언제 잠을 깨고
일어설까
심성에 평화의 나무를 심어
사랑과 과실이 열리게 하고
미움과 저주의 욕된 악심을 불사를까
선한 의인이여
그날같이
이 땅에
"에바다"하시라
다시 그날같이
이 땅에
"달리다굼"하시라
절대 하늘의 말이다
심성엔 평화의 나무에
꽃이 피고
사랑의 열매가 열릴 것이다

심장을 나눈 국토여
-독도, 그 외롭지 않은 숨결에

국토의 산맥들이 남으로 뻗어내려
장엄한 우리의 산하를 이룰 때
혼돈에서 힘의 질서로 떨어져나온
수정의 장미
독도여!

조용한 숨결 맞닿는 곳에
형제와 사촌들처럼 서로 살결을 비비고
정다운 이야기를 나누며
아침저녁으로 바라보며 문안하는
우리 국토의 한 지체이거니

태백산에서 굽혔던 오른팔을 펴면
그 손 밖이 아닌 바로 손바닥 안에
들어와 앉는 우산국
다시 곱았던 손가락을 열면
긴 손가락 끝에 점처럼 찍혀지는
섬, 독도

같은 심장에서 피를 받고
살결로 이어지는 푸른 생명들
호흡의 숨소리도 다르지 않는
아버지요, 아들의 관계
하늘이 맺어 준 꽃 같은 인연이라

독도는 바다의 성
수시로 변모하는 물결
그 성문 앞에 거인처럼 서서
저 을지문덕이나 이순신 장군같이
횃불을 밝히고 지키고 있어라
장엄한 우리의 거인이여

거기엔 낮과 밤의 구별이 없고
다만 어머님을 바라보듯
사랑 가득한 눈으로
육지에 연모의 정을 보내고
저 수평선 가에서
돌아오는 정든 깃발을 기다린다

비 뿌리고
물결 높은 밤
구름과 안개를 밀고 돌아오는 배를 보면
어느 날 바다의 아버지처럼
목청을 높여 소리쳐 본다

여기는 동햇가
대한민국의 막내섬
조국의 깃발이 휘날리고
물새도 쉬어가느니
떠나고 돌아오는 배들의 마음에
고향의 그림자로 남아 있어라

우리 국토의 작은 거인은 외롭지 않아라
핏줄 이어가고 돌아오는 영원한 호흡 속에
한 송이의 나라꽃으로 피어 있는 생명
독도는 우리와 같이 살아 있다
작은 거인은 성문 앞에
그렇게 서 있어라

아버지

아버지께서는
산을 사랑하셨다
언제나 산에 가서 약초를 캐시며
산과 더불어 지내셨다

칠십 고령이셔도
나무를 베어 초막을 짓고
풀을 뜯어 찬을 삼아
마음을 맑히신 다음
성경을 읽으시며
한평생을 지내셨다

여든 셋이 되신 가을
간단한 산행장으로
집을 나가신 후
도중에 병을 얻어
그 병으로 세상을 떠나신 아버지

아버지께서 세상을 떠나신 다음

내가 바라보는 산 얼굴은
언제나 검고 비감하다

"세상이 괴롭거든 산으로 가라
친구와 사랑하던 사람이 너를 버려도
산은 너를 버리지 않을 것이다
사람과 사람끼리는 못 할 말이 있어도
산과 마주 앉으면 못 할 말이 없다
언제나 구름에다 마음을 씻고
성경이나 읽으며 산에서 살라"

이제도 귀에 쟁쟁한
아버지의 말씀이다
나는 오늘도 검게 흐려진 산을
말없이 바라보고 있다

아침 커피

탁자 위에 커피 한 잔
나의 온갖 정성이
한 마리의 나비로
날아오르고 있다

비어 가는 커피 잔에
담기는 순간을
점치게 하는 하나의 신앙

눈언저리에서
날고 있던 순간을
점치게 하는 하나의 신앙

눈언저리에서
날고 있던 나비는
물기 어린 날개를 접고
빈 커피 잔 속에 발을 모은다

내일이 있을까

나의 진실은
순간 위에 피는 꽃이다

삶의 시간은
순간일 뿐
영원이 아니다

한 잔의 아침 커피
그 빈 잔 속에 담기는
나비 한 마리

어머니

사랑하는 아들아!
내가 네게 일러주는 말은
잊지 말고 자라나거라

내 음성은
언제나 물소리를 닮아라
허공을 나는 새에게
돌을 던지지 말아라

칼이나 창을 가까이하지 말고
욕심을 멀리하라

꽃이나 풀은
서로 미워하지 않고
한 자리에 열리는 포도나무

강물은 멎지 않고 흐르면서
따라오라
따라오라고 한다

하늘을 바라보며
강물같이 흘러
바다처럼 살아라

포도송이에
별이 숨듯……
바닷속에 떠 있는
섬 같이 살아라 하셨다
어머님이……

어미 노루의 슬픔

어미 노루는
혼자서 풀잎을 뜯고 있었다
외롭게 그리고 또 외롭게

지난 겨울
어느 욕심쟁이
아저씨가
걸어 놓은 올가미에
3살난
외아들이
걸려 죽었기 때문이다

그날 눈이 내리고 있었지
나가지 말라고
그렇게 당부했건만
그놈은 배가 고프다고
칭얼거리며
눈길에 나섰지
어미 말만 들었어도

그 참변을 당하지 않았을 텐데

칡 순 싸리 잎이
목에 막혀 넘어가지 않는다
그놈이 있었으면
저 구름과 같이
얼마나 좋아했을까

어미 노루는
어린 아들 생각에
진종일 울고 있었다

사랑 중의
가장 위대한 사랑이
부모의
자식 사랑이다

언덕 위에 작은 집

언덕 위에 작은 집
그 집에
나그네가 된다

방문을 열고
돌아서는 친구는
달이다

그리고 바람이다
옷을 풀어 헤치고
자유로운 친구

20세기는
호수 속으로
잠들어 가고

별들이 찾으면
언덕 위에 작은 집엔
아침이 온다

어느 날
이 집의 주인이 될 때
누가 찾아 줄까
침몰하는 20세기

영혼은 잠들지 않고

영혼은 잠들지 않고 깨어 있나니
그 영혼을 위하여 인색함이 없으리라

할 수 있는 일을 찾기 위하여
얼마의 밤을 길게 보냈으며
몇 날의 변화를 손꼽았느냐
오직 눈떠 가는 영혼의 성장과
불멸하는 양식을 위하여
열리지 않는 문을 두드렸느니라

세상의 파도는 죽음을 몰아
지금 우리들의 눈앞에
다가오고 있는데
우리는 무엇을 하고 있는가
연약한 영혼은 잠이 들고
약한 파도는 뱃전을 넘는다
나의 구세주는
잠든 영혼들을 눈물어려
차마 못 보시고

바다와 바람을 꾸짖어
잠잠하라

눈을 뜨고
영혼의 눈을 뜨고
바다 위를 걸어오시는
구세주를 보아야 한다
영혼의 눈을 뜨고
사랑하며 미워하지 않고
질투, 시기, 모멸과 멸시 그것은
영혼의 눈을 뜬 사람 앞엔
영원히 있지 않는 것이어라

풀 한 포기와
꽃 한 송이도 사랑하지 않으면서
어찌 이웃과 형제를 사랑할까

주여!
이 해에는 이웃을 사랑하게 하시고

형제를 사랑하게 하시고
돌 한 개와 풀 한 포기를 위하여
영혼이 눈을 뜨게 하시고
그 영혼을 위하여 살게 하소서

주는 나의 생명
하늘을 바라보는 눈을 주시고
눈에 지혜를 주십시오

그것이 이 해의 소망이고저
원하고 있을 뿐
이루어지게 하시고
이루게 하소서
주여!

옛날과 물푸레나무

이제는 옛날, 그보다도 먼
내 어린시절
누리동 하늘 숲속에
외딴 초막이
내가 살던 옛 집이다

그 집 굴뚝머리에
몇십년이나, 아니 한 백년
자랐을까
큰 물푸레나무가 있었다

바람이 불며, 비가 올때면
나뭇잎 쓸리는 소리와
비 듣는 가락이
흡사 거문고 소리 같아서
우리는 그 나무를 풍악나무라고 했다

늦여름이나 장마철이 되면
낮은 구름이 자주 그 나무 위에

내려앉곤 했다
물푸레나무는 덕이 많고
그래 어진 나무다

어린이 새끼손가락 보다도 가는
물푸레나무는 훈장 고선생님의 손에 들려
사랑의 회초리가 되기도 하고
아버지 농기구의 자루가 되어
풍년을 짓기도 했다

'화열이'가 호랑이 잡을 때 쓴
서릿발 같은 창자루도 물푸레나무였고
어머님이 땀으로 끌던 발구도
역시 그 나무였다

물푸레 나무
굳센듯 휘어지고
휘어져도 꺽이지 않고 다시 서는
어느 충신과 효도의 정신이며

성현의 사랑이다
나에게 이 물푸레나무의 이름을
다시 지으라고 한다면
나는 성현목이라고
이름하리라
물푸레나무—

장미의 언덕

꽃잎을 따 행복의 네 잎처럼
가슴에 달아 본다
피의 능선 전투에서
마지막 전우를 보내고
가슴에 달려진 훈장도
장미의 꽃잎이었으니

산나리꽃에서 날개를 쉬던
전우의 모습같이 생긴 나비가
놀란 듯이 날아와
꽃잎훈장에 발을 쉬고
한나절을 보내다 날아 갔거니

그날의 훈장들이
전우의 가슴에 쏟아지던
오후, 태양이 포연에 졸고
냇물 소리도 들려오지 않았다

장미밭에서 춤을 추던

전우들이 혼령 같은 나비들이
오늘 일제히 구름이 되어
더러는 강으로 흘렀고
더러는 하늘로 잦아졌다

나는 장미의 훈장을 달고
약간의 바람에 옷깃을 날리며
허수아비처럼 거기에 섰고
적진으로 달리는 전우의 발소리는
장미의 꽃잎이
지고 있는 소리였다

전우여
내 마지막 음성을
고향 동구 앞에 구름같이 뿌려주오
그리고 어머니가
내 소식을 묻거든
가슴에 장미꽃 훈장을 달고
나비가 되었다고 일러주고

보고 싶거든
뜰앞에 핀 장미꽃을 보라고도

이제 누가 이 장미밭에서
병들어 가느냐
누가 구름이 되고
또 누가 나비가 되려느냐
그리하여 마지막 훈장을
누가 또 장식하려는가

여기 장미의 무덤엔
어느 행복한 영혼이 잠들어 있을까
황산 싸움터에서
몸을 던진 불멸의 장군
그 영혼이 있을까
함박눈꽃같이 파닥거리며
백마강에 지던
백제의 여인들의 영혼이
잠들어 있을까

그들은 모두 행복하였다

절망은 주검보다 크고
고독은 장미빛보다 화려하다
이 장미의 언덕에서
전우를 생각함은
아직도 내게 그리워하는
자유가 있고 평화가 있어
못 잊는 꽃밭이
훈장이 되는 것이다

저 하늘 아래

고향은
백 년을 두고 물어도
영원한 모정이라고 하리라

빼앗긴 것이 아니라
두고 온 고원이라 일러두라
천애의 땅이 되지 않고
언젠가는 갈 수 있는 향관이라고
묻거든 대답하라

그리움이 사무치면
잠들어도 눈감지 못하고
또 하나의 실향민들의 은하수
밤하늘의 별이되어
강물로 흐르네

아! 이웃이여, 벗들이여
아침 창 앞에 낯설은 새 한마리
날아와 울거든

남기고 온 정든 마을의 슬픈 소식이라
전해주고

그날 문을 열고 서시어
잘 다녀오라 하시던
눈물에 젖은 어머님의 음성
다시 들을 수 있으려나

구름으로 가교를 엮고
나비의 날개로 날으리라
눈썹끝에 열리는 내 조국의 땅인데
산을 하나 넘어도 아득한 지평선
하늘이여 말해 달라

여기 풀잎 같은 마음을 모아
불망의 정을 기리고자 하늘에
비를 세우노라, 저문 해가 여울로 흘러도
하늘에 비석은 이곳에 남게 하라

조국의 흙 한줌을

여기는 프랑스
항구 마르세이유가
멀리 바라보이는
어느 낯설은
언덕입니다

내가 자라던 마을
어린 시절을 묻고 온
그 고향 언덕과 흡사하고

금잔디 같은 풀이
이름도 모르는 채
손끝에 유정합니다

눈감기 전에 고향을 보고
조국 땅에 묻히겠다는
어머님이
그 마지막 소원을 보류한 채
이국에서 눈을 감았습니다

결국 낯선 땅에
이름 없이 묻히고 말
어머님의 무덤
고향 구름도 오지 않는데
묘비는 세워 무엇 하겠습니까

다만 어머님의
간절한 소원이었기에
조국의 흙 한줌을
관 위에 뿌려드리고 싶습니다

그렇게 했다고
불효의 죄가
씻어지는 것도 아니겠지만……

지하철 역

기다리는 마음으로
지하철 역에 선다
1985년의 아침을
객실마다 가득히 싣고
달려오고 있었다

찬란하게 채색한
사랑의 꽃바구니
지하철은 땅속을 나르는
도시의 비둘기 비둘기

새로 열려오는 세대 앞에
우리들의 향토는
여기에 있느니
문을 열어라
그리고 산울림처럼 뻗어가는
형제 같은 1호선 2호선

5월의 장미꽃을

가슴에 달고
달려와 오누이처럼 다정할
3호선과 4호선
그리하여 지하철의 시대가
서울에도 열리고 있다

사랑할까
그 사랑의 결실을 위하여
지하철 역으로 오라
그것은 저 파리도 아니고
영국의 어느 도시도 아니다
지금 우리 앞에 열려있는
서울의 을지로 메아리
열려있다
보석의 문은 항시 열려있다

진실의 나무에게

언제나 하늘의 입을 열고
진실을 이야기하는
너 나무여

바다 같은 귀를 열고
사랑의 이야기를 듣는
의로운 과실이여

지금은 20세기 말
진리를 위하여
저 언덕을 넘어야 하고
잠재워야 하느니
너 진실의 나무여

이성의 칼날은 선한 꽃인데
불의를 일삼는
오늘의 녹슨 파편들이
이 시대에 홍수처럼
흘러가고 있다

나무여
이 시대의 선한 나무여
사랑과 이해의 열매를
열리게 하라

간혹 구름이나
새들이 날아와 길을 묻거든
나무여
사랑과 이해의 길이
여기 있다고 말하라

나무여
말하려나
진실의 길은 언제나
등불 앞에 있다고
말하려나

청년송

여기 어느 화가가 그린
젊은이의 표상이 있다
무수한 올과 날로 싼 위에
색감의 조화가 눈부시다

나는 그림을 보고 있는 것이 아니다
시를 읽고 있는 것이다
청년은 보석 같은 눈으로
푸른 하늘을 바라보며
살아가는 것이다

청년은 칼날 같은
지혜로 바다를 쪼개며 살아간다

청년은 산 같은 기개로
굴하지 않고 살아간다

청년은 소금 같은 정신으로
국가를 지키며 살아간다

청년은 눈 속의 정신으로
댓잎같이
푸르고 물처럼 맑다

저 높디높은 산 위에
구름 같은 깃발을 꽂은 사람도,
땅을 파서 물길을 내고
배를 몰고 있는 이도
모두 다 청년이다

기울어지는 태양을 바라보며
나는 지금도
저 청년의 표상을 지키고 있다

촛불

촛불!
심지에 불을 붙이면
그때부터 종말을 향해
출발하는 것이다

어두움을 밀어내는
그 연약한 저항
누구의 정신을 배운
조용한 희생일까

존재할 때
이미 마련되어 있는
시간의 국한을
모르고 있어
운명이다

한정된 시간을
불태워 가도
슬퍼하지 않고

순간을 꽃으로 향유하며
춤추는 불꽃

출발을 위한 날개

선구자의 길은 험하고
또한 가난하다
하지만 언제나 광명을 찾고
길을 열어 현재를 미래로
날아오르게 한다

어둠 안에서 빛은 하늘이 되고
불의와 비정 안에서 선은
향기로운 장미의 꽃이 된다
이성의 칼날은 숨어 있지 않고
바른 판단을 생명으로 하고 있다

우리가 바라는 내일의 소망은
더 크고 더 넓다
어제도 정의롭고
오늘도 의가 아닌 길은 가지 않지만
내일은 사랑으로 이루는 바다
그 바다 위에 구원의 배를 띄우라
이 일을 우리는 바라고 있느니

열매 없는 잎만 무성한
나무뿌리에 도끼를 놓았다고
예언하라
저 나단의 입을 빌어
하늘은 언제나 푸르라고
그렇게 일러야 하고

이 땅의 올바른 지혜들을 위하여
다윗의 가락을 빌어
노래하여야 한다
선구자의 길은 좁고 험하지만
그 길에 하늘의 광명이 있느니
그것을 선택하는 이 시대의
빛나는 양심이 되자

커피

잠자기 전에 카피를 마신다
하루의 일과를 구슬로 깍아
비어가는 커피잔에 담는다

구슬의 커피잔
꽃밭이 된다

커피를 마시면
잠이 간다고 하지만
하루의 남은 시간을
잠으로 보내고 싶지 않다

FM을 돌려본다
드보르작의 현악사중주
아메리카
마음의 현 鉉이 운다

시벨리우스의 바이얼린 협주곡
커피를 마시고

듣는 음악

미소는 입가에 오르고
고독은 눈에 머물러……
가책은 심장에 숨었다

통일의 봉화를 올리고

깃발, 깃발들
통일의 깃발을 하늘 가득히
휘날려라
청청히 종을 울려 분단의 벽을 허물어라
이제는 둘이 아니고 하나이다
마음도 하나요, 겨레도 하나요
국토도 하나이다

아!
얼마나 우리는 기다렸던가
저 녹슨 50년
구름이 부러웠다, 새가 부러웠다
그리고 나비가 부러웠다
이제 통일의 봉화를 힘차게 올려라
세계의 기운이 총총히
우리의 앞으로 다가오고 있다

우리의 통일은 나라의 사랑이요
세계의 평화라

그리고 이 민족의 영원한 행복이다
우리는 서로 적이 아니고
하늘의 형이요 아우다
그대여, 우는가 위로라리라

병자년 이 아침에
봉화를 울리며 7천 5백만의 가슴을
열고 기원하느니
이 해에는 결단코 통일을 이룩하리라
지혜와 의지의 눈을 뜨고
이 대업을 바라보자

이제 새 역사의
통일탑을 세우자
그날을 기다려 살아왔었다
지금 오고 있다
그날이 힘차게 오고 있다

퇴근길에서

퇴근길에서 만난 사람은
바다를 건너온 바람
그런 바람의 모습을 하고 있었다

말이 없고
약간은 간간한 그런 소금기
바다 냄새가 가늘게 가늘게
풍겨오고 있었다

잠시 쉴 자리를 권하고
그 빈 옆자리에 앉아
지금 막 산을 내려온
나뭇잎, 풀잎
천년 바위들의 대화를
전설의 표주박에 담아본다

기울어진 물통에서
쏟아지는 시간이
자정의 계곡을 향하여 흐르고

모든 날개들은
언제 부턴가 마멸되어 가고 있었다

이런 때 내게는
날개가 솟아야 한다
두 팔을 가볍게 들어올려
은빛 눈부신 비늘
그런 조각으로 생긴 날개
금속성이 아니라고 피곤하지 않아라

홍수에 떠다니던 노아의 배는
어느 산에 멎을까
그리고 누가 부르는 피리에
방주에 문이 열릴꼬
살이 살아나는 풀이며
뼈가 살아나는 나무와
피를 다시 돌아가게 하는 물은
어디에 있는가

돌아가야 할 고향은
정오에 잠든 자연인가
문명의 강물인가?
석양 길에 섰다

편지 그리고 봄

아직도 눈은
내리고 있습니다

그러나
봄은
서울 대학로
마로니에 공원
파란 잎새들을
부르고 있습니다

송욱 시인이 자주 찾던
대학로
장호 시인이 잘 찾던
혜화동
그들을 찾으며
꽃과 잎은
손을 흔듭니다

또 누구를 부를까

병화, 그리고 한모
그들을 부르며
울고 싶어라

대학로의
프라타나스
잎이 피기 전에
만나고 싶다

시인아
시인들아
아 시인들아

편지

이만큼
떨어져 있는 곳에서도
잊지 못하는 것은
아침이 이렇게 밝기 때문이다

이제 피기 시작한 꽃
덴파레
이국 낯설은 하늘에도
어제 처럼 정답구나

한강 그 사람의 물결 위에
구름처럼 흘러가던
북악의 낙엽들
지금은 어디쯤 떠가고 있을까?

하늘이 같고
바람이 또한 같으니
내 어디에 선들
낯설지 않아라

그립다
그 말 한마디
여기에 심어두고
떠나리라

피아노

아침 유리창에
영롱한 해가 비칠 때
소녀는 언제나
피아노를 치고 있었다

그 곡이 무슨 곡이였을가?

긴 머리 전설처럼
물결치고
건반 옆엔 장미꽃이 한 송이
피어 있었다

오늘 이 저녁에
무심히 바라보니
한 백발의 부인이
그때 소녀가 앉아 있던 자리에 앉아
피아노를 치고 있다

황혼의 환상곡

장미꽃이 놓여 있던 곳엔
옛날 피아노를 치던
소녀만한 소년이
첼로를 켜고 있었다

한강

이 민족의 역사보다도 더 긴 강
한강아!
천년 다시 천년을
이 하늘 강 언덕에 계절은
어머니의 자장가
사랑과 의지의 꽃잎으로
흘러갔다

사랑의 하늘이 열리던 날
저 고구려
신라
백제의 젊은 가슴들이
이 강물에 몸을 씻고
의지의 손을 잡던
아! 사랑의 강

한때는 고구려 나뭇꾼과
신라의 직녀가 사랑의 비단으로
서로의 목을 감고

이별이 없으리라고 믿었건만
그래도 7월7석은 찾아와
오작교를 허물었으니

이 창창한 물결 위에
평화의 새 나라를
꽃잎처럼 뜨게 하라

오! 우리들의 강아

한복

한복 한 벌 했다
내 평생 두루마기를
입어본 기억이 없었으니
이것이 처음인 것 같다

암산, 상마, 학촌, 현촌, 난곡, 청암
모두 한복을 입는데
나만 한복이 없다고 했더니
병처가 큰맘 써 한 벌 했다

78년 정월 첫날 아침
해 옷을 입고 뜰에 서니
백운대와 도봉이 내려다보고 웃고 있다

어디든 가서
세배를 드리고 싶다

우이동 계곡으로
발을 옮긴다

아직도 우리들의 맥박 속에
살아 있는 선열들
일석, 의암, 해공, 유석
무덤 앞에 섰다가
다시 걸음을 옮긴다

4·19 묘소
비문에 새겨진
꽃 같은 나이들을 읽어본다
구름이 날린다
구름에 새 옷깃이 날린다

이 나이에 비로소
한 겨레 안에서는
그런 느낌이 든다

항아리

이 옹기 항아리는
무엇이든 채우기 위하여
만들어진 게 분명하다

그런데 긴 세월 열린 채
아무것도 담은 것이 없다

쏟아져 내리는
별들의 꿈이며
태양이 뿌려대는
전설의 화살
구름 뒤에 숨은 달 그림자 한 잎도

바람 부는 날 강가에서
아무도 모르게
울고 있다

이 옹기 항아리가
가슴 속에 채우고 싶은 것은

사랑과
향기,

누구도 부르지 않은
너의 이름뿐이다

행복과 불행 사이

길은
모든 길은
행복과 불행 사이로 나 있었다
나는 그 길을 가고 있다

바람이 파도를 일으킨다
내 배는
그 물결 위로 가고 있다

그네를 타고
앞으로 치솟았다간
다시 뒤로 물러선다
정지되면
행복도 불행도 아니다

삶이란
흔들의자에 앉는 것이다
앉는 순간부터
흔들리는 의자

지혜와 의지로 어느 지점에다
그네나 의자를 잠시 더
머무르게 할 수 있다

흔들의자에 앉기까지는
신이 할 일이다
그 다음은
존재자의 철학이다

행복의 길

그대
사랑 받기를 원하는가
그렇거든 남을 사랑하라

사람아
존경 받기를 원하는가
하거든 남을 존경하라

우리는 마음에 저주의 바다와
증오의 강을
두지 말라

친구여
행복하기를 원하는가
땀의 호수에
몸을 담그라

호수와 시인

마을의 호수는
시간 저편에서부터 있었다고-
이 호수의 물이 맑으면
마을이 행복해지고
호수가 오염되면
마을에 불행이 온다고 한다

이 호수에서 해가 솟고
무지개가 뜨며
별이 빛나도록
손을 씻듯이
마을 사람들은
마음을 가꾼다

언제부턴가 물도 잠든 밤이면
요수(하반신은 동물이요, 상반신은 여자)가
찾아와 목욕을 하고 머리를 감는다
그가 빠뜨린 머리털은 하나까지
뱀이되어 호수를 채운다

그 요수가 가버린 새벽이면
시새(하반신은 사람이요, 상반신은 입이 긴 새)한
마리가 날아와
아침이 밝기전에
긴 부리로 독충들을 물어 땅에 던진다
독충들은 공기와 접하면
금시에 전신이 녹아버리고 만다

요수와
시새는 서로 저주하지 않는다
밤마다 호수는 오염되지만
아침마다
다시 살아나는 호수
마을 사람들은
이 사실을 모르고 있다
그저 살아 갈 뿐이다

회초리

회초리를 드시고
"종아리를 걷어라"
맞는 아이보다
먼저 우시던
어머니